Weil eine Welt mit Geschichten eine bessere Welt ist.

Mario Schemmerl

Willkommen in der Wunde

Life is a story

schreib's auf
story.one

FSC
www.fsc.org
MIX
Papier aus verantwortungsvollen Quellen
Paper from responsible sources
FSC® C105338

1. Auflage 2021

Herstellung, Gestaltung und Konzeption:
Verlag story.one publishing - www.story.one
Eine Marke der Storylution GmbH

Gesetzt aus Crimson Text und Lato.

Printed in the European Union.

ISBN: 978-3-99087-648-0

Mein Dank gilt: Melissa Pirstner. Verena Kohler. Karl 'Charly' Tieber. Beatrice Zirkelbach. Matthias Gergetz. Lilian Jocham. Angela Lercher. Der Story.one Gemeinschaft. Den Freunden. Der Familie. Michael, Mama, Manuela, Papa, das ist für uns. „Zeige deine Wunde.“ – Joseph Beuys

INHALT

Der Tod hält dich küssend

Meine Oma ist eine ehrliche Haut. Meiner damals hochschwangeren Mutter sagte sie: „Wenn du glaubst, du stirbst, kommt das Kind auf die Welt“ Meine Oma hat elf Kinder auf die Welt gebracht. Sie muss es wissen. Mit einem Lächeln reichte meine Mutter diese Weisheit an meine hochschwangere Schwester weiter.

Ein Druck hinter meinen Augen. Bilder flimmern in der Dunkelheit. Meine alten Erinnerungen. Nach all den Jahren, den Ablenkungen und der Zerrissenheit, finde ich zurück zum Auf-die-Welt-Kommen. Mein Bruder und ich, wir hatten uns eine Story zurechtgezimmert. Bei jeder sich bietenden Gelegenheit erzählten wir sie. Mit den Wiederholungen löste sich jeglicher Zweifel auf. Die Version unseres Anfangs, die aus unseren beiden Mündern stammende, ist die für mich rechtmäßige. Mein Zwillingsbruder trat mich hinaus in das Licht. Das Leben außerhalb der Mutter begann vier Minuten vor dem meines Bruders. Michael machte es sich in der mütterlichen Wärme gemütlich. Vielleicht genoss er die Einsamkeit, hörte mich bereits schreien, und dachte: Ach, so geht es weiter.

Befriedet wie er war, ließ er sich holen. Ich benötigte einen Stoß, um eine Welt gegen die andere auszutauschen. Michael ist nun länger tot, als er gelebt hat. Die letzten Jahre gleichen den vier Minuten nach der Geburt. Irgendwo, in einer unangenehmen Sterilität, liege ich in fremden Armen. Erinnere mich an das andere Ende der gekappten Nabelschur. Trotz der vielen Menschen, die mich umgeben, hält sich in mir die Einsamkeit. Manchmal ummantelt mich eine Kälte, die sich wie eine zweite Haut anfühlt.

Meine Mutter ist gestorben. In den anderen Sphären gehören sie wieder zusammen. Das macht mich glücklich. Oma lebt noch. Abschied geschieht, wenn der Neuanfang schon hinter dir liegt. Der Tod hält dich küssend. Die Wiege des Menschen bewegt sich durch den Wind des Abschieds. Meine Oma hat recht. Wenn du glaubst, du stirbst, kommt ein Teil von dir auf die Welt. Der Abschied fällt aus, wenn du das Nachher nicht haben willst. Wenn das Rauschen sich deiner annimmt, du auflebst, fallen die Augen zurück. Sehen mit der Gewalt eines in die Brust fahrenden Schwerts. Da sind sie gegangen. Die mir Teuren. Da waren die Küsse. Plötzlich fällt es dir ein, du spürst dasselbe wie damals, genau dasselbe. Du bist glücklich. Du lebst.

Dachten wir im Bauch jemals an eine dahinter liegende Existenz? An eine andere Sprache, die nichts mit der gegenwärtigen zu tun hat und trotzdem fließt, sobald wird dort sind? Ich habe keine Erinnerung, wie es sich in der Flüssigkeit, dem weichen Roten anfühlte. Wie es war, einen Tunnel, ein Licht zu sehen. Weiterzukommen und den ersten Atemzug zu tätigen. Meine Oma hat drei Kinder verloren. Meine Mutter war die Jüngste von elf. Meine Mutter hat ein Kind verloren. Mein Bruder war vier Minuten jünger als ich.

Und jetzt stimmt es auch für mich. Der Tod hält dich küssend.

Mein Wissen ist eine Tasse Espresso im Ozean

Die Kellnerin erfüllt meine stereotypen Ansprüche, die ich gegenüber schwedischen Kellnerinnen hege. Offenen Wesens, doch im weiteren Sinne kühl und distanziert. Lächelnd quäle ich nur ein Wort aus mir heraus: „Espresso." Heute Morgen dachte ich noch, das wird mein letzter Tag auf dieser Welt. Abends findet ein Konzert meiner derzeitigen Lieblingsband statt. Ein netter Vorwand, um hierherzufliegen. „Ah, der ist besoffen ins Wasser gefallen, sowas kommt vor." Ich wollte verschwinden. Weit hinaustreiben. Mich auflösen. Vielleicht sogar Nahrung werden. Sehe ich von meinem Fensterplatz auf das Wasser, überkommen mich heimatliche Gefühle. Ist es nicht so, dass ich zu einem großen Teil daraus bestehe? Es in meinen Adern fließt? Blutende Wunden sind Lebendigkeitsmeldungen an die Welt, oder nicht!?

Bevor ich hier an diesem Tisch Asyl fand, besuchte ich das Nobelmuseum. Schritt den Bereich der Literaturnobelpreisträger ab. Da lagen unsichtbare Fäden in der Luft. Stumme Verbindungsfäden zwischen den Büchern, den Autorinnen und Autoren. Das ist Sehnsucht. Auf allen Portraits nahm ich Vergegenwärtigung dieses lebenserhaltenden Gefühls wahr. Ein menschliches Urelement. So viel Ausdruck in diesem Raum. Und ich? Ich habe mich in meinem eigenen Labyrinth verirrt. Wie konnte ich erwarten, verstanden zu werden, wenn ich selbst so wenig kapiere? Verständnis, wofür eigentlich? Für Trauer? Für die Notwendigkeit der Selbstzerstörung?

Die Kellnerin serviert den Espresso. Blickt mich an, als würde sie etwas in mir sehen. Ich versuche einzufangen, was nicht einzufangen ist, und nicke dankend. Mein Handy liegt vor mir. Langsam wische ich mich bei den Fotos durch. Wieso macht man überhaupt Bilder, wenn man sich umbringen möchte? Was habe ich mir dabei gedacht? Ich zoome ran. Ein Interview mit Isaac B. Singer hat mich derart gefangen, dass ich den Moment festhalten musste. Bei Betrachtung des Bilds fühle ich sofort wieder eine Dosis der Neugier entfachenden Verwirrung. Unbeabsichtigt fotografierte ich einen Satz mit. Was steht da? Was sagt er? „Jag bodde i ett hus.“ – Ich tippe es in die Übersetzung. „Ich habe in einem Haus gelebt.“ Was ist mein Haus? Worin lebe ich? Umbringen, hier und jetzt? Nach diesen Entdeckungen? Nach diesem Sehnsuchtserwachen?

Ich führe die Tasse an meine Nase. Rieche. Das wird nicht der beste Espresso meines Lebens, dafür ein entscheidender. Koste ihn. Das Meer im Blick. Gebe mir eine Sekunde Zeit, um zu akzeptieren, dass ich nicht ins Wasser gehen werde. Stelle die Tasse ab. Eine weitere Sekunde, um zu akzeptieren, dass ich auch niemals über Wasser gehen werde.

Soll ich jetzt nachdenken?

An manchen Punkten im Leben kommt man nicht weiter. Dogmen sind auch nur rostende Gerüste. Und jetzt bin ich hier … in Stockholm … und mir wird klar: Leben heißt Versuchen. Tod ist getan. Mein Wissen ist eine Tasse Espresso im Ozean.

Dichter Idiot

Heute ist die Welt da draußen mein Feind. Ich bin ein verstimmter Gletscher, der nicht schmelzen will. Damals bekam ich andere Augen geschenkt. Michael hat mir mit seinem Tod was von seinen dagelassen. Am liebsten wäre ich wieder ein Kind, das Räuber und Gendarm spielt.

Ein Dichter muss alles aushalten. Selbst Kritik zu seinen Sichtweisen, an seinen Wunden. Ich bin nicht mehr namenlos. Ich Idiot habe meinen Namen über den Text geschrieben. Manchmal liebe ich dieses Gefühl. Meine kahlen Stellen am Kopf sind zugewachsen. Vor ein paar Wochen noch hatte ich spiegelglatte Flächen.

Tomas Espedal schreibt: „Ein Dichter muss alles erdulden können. Wenn nicht, ist er kein Dichter."

Die Linie, auf der die Fiktion mit der Biografie Tango tanzt, habe ich selbst entworfen. Mir kommt alles dermaßen echt vor, dass ich an eine Lüge glaube. Trotzdem fühle ich, es ist geschehen.

Meine Freundin befächert mit ihren frischen nassen Haaren meinen Missmut. Melissas Gesicht ist eine Apotheke. Ansehen ist wie Tropfen nehmen. Jeder und jedem, die oder der mein Werk nicht leiden kann, etwas entgegnen? Richtige Worte? Ich kann nicht schreiben. Bin unfähig. Zweifel. Frust. Der Höhenflug ist zu Ende. Jeder hat die Möglichkeit, über alles und jeden zu urteilen. Mich selbst hat es getroffen. Für nicht gut befunden. Nervig und langweilig. Und nun komme ich von den Menschen ab. Das Leichte gibt's nicht mehr. Ein gekränkter Typ, der am Tisch sitzt, Bleistifte verspeist, weil sie schuld sind! Wo ist die Anerkennung? Schreiben und Veröffentlichen ist Wahnsinn. Die Worte stammen vom selben Alphabet, vom selben Wesen ab, doch sollen sie eine grundeigene Haltung entwickeln. Der Kaffee schmeckt bitter. Der Specht klopft schon wieder an die Häuserwand und morgen ruft erneut ein Ganztagsdienst. Erholung, wo bist du? Ein Scheiß ist gut! Welcher Perversling ist für den ganzen Dreck verantwortlich? Ich Idiot! Mein Pfad? Erinnere dich an gestern. Fall nicht zurück. Vor dem ersten Wort, dem ganz oben, dem am Anfang, war es schon zu spät. Das Schreiben stirbt nicht. Alles andere kommt, wann es will. Demütigung im Revers.

Schatten öffnen sich und bringen so einiges ans Tageslicht. Halte ich das aus?

Kirchenglockengeschwader. Es ist Sonntag. Bald ist Mittag. Gutes Wetter war früher ein schlechtes Zeichen. In Graz hieß es aufgepasst, der Feind fliegt seine Bombenangriffe. Meine Stadt, diese Geschichte, diese Ambivalenz. Heute heulen die Sirenen nur zur Mittagszeit.

Was ist eine Woche? Montag schön. Dienstag hässlich. Mittwoch schwach. Donnerstag anders. Freitag erträglich. Samstag introvertiert. Sonntag Kirchenglocken auf einer Insel.

He, geh mit dem Müll raus. Sei nicht so unsensibel, siehst du nicht, dass ich leide? Ja doch. Ich muss dich aus deinem Vogelkopf herausholen. Vogelkopf? Nein, foggy Kopf. Was für ein Vogi? Foggy, benebelt.

Ich kann nicht schreiben. Ich bin ein Dichter. Ich werde des Schreibens wegen alles erdulden. Sogar Selbstkritik.

Willkommen in der Wunde

Der Regen drängt sich auf. Er verführt mich zu einem Spaziergang ohne Kopfbedeckung. Ich will durchnässt sein. Durch die alten Mythen mäandern. Ziehe die Beine an und springe in die Wunde. Der frische Geruch erfüllt eine Portalfunktion. Ich muss schon zugeben, durch den Verlust meines Bruders habe ich viel gewonnen. Ich bin so weit, ich möchte ihn nicht mehr missen. Welch tragende Erkenntnis. Der Regen applaudiert auf eine gläserne Kuppel. Ich erinnere mich, als er plötzlich krank wurde. Zur Übung spritzte er mit seinen dunklen Augenringen Nadeln in eine Orange. Wir sind zweieiige Zwillinge. Muss es einen kranken geben? Ich bin gesund und schuldig. Wir waren kurz davor, mittendrin zu sein. Dann stirbt er. Seine Abwesenheit ist die eines entfernten Organs, ein ewiges Loch voller Energie.

Abkehr. Nebeneinander beobachteten wir uns. Das Leben hat angsteinflößende Veränderungen zu bieten. Der Abstand war Teil der uns innenwohnenden Hitze. Mit ihm verschwand unser heimliches Versprechen für immer füreinander da zu sein. Viele Kalender gingen in den Kübel, bis ich begriff, dass wir uns die Verbindung auf andere Weise erhalten.

Einkehr. Unergründliche tiefe Wölbungen. Wo treffen wir uns noch? Ich lege Selbstzeugnis ab. Das ist nichts, worüber ich schreiben kann. Also tue ich es. Was sind Wollen und Können gegen die Unmöglichkeit, es sein zu lassen? Der Text gehört mir nicht. Er gehört sich selbst. Willkommen in der Wunde.

Einst glänzte mein Hals tränenumschlungen. Die Tränen sickerten in den Kehlkopf, liefen in die Kommunikation. Nach einer Ewigkeit beginne ich, darüber zu sprechen. Über den Verlust. Die Hingabe. Das Gezeter. Endlich, die Loslösung der Umklammerung. Die Wunde ist essenziell und unersetzlich. Die Wunde ist wesentlich.

Wir machten einen Ausflug. Du schwankst und rettest dich aufs Klo. Du hast dein Insulin und dein Messgerät nicht mit. Wir glauben an einen Unterzucker. Du isst Süßigkeiten. Wir fahren nach Hause. Wollen noch etwas Fußball spielen. Zuvor sollst du Zucker messen. Vater möchte den Wert wissen. Ich stehe neben dir. Dein Wert schießt durch die Decke. Du flehst mich an. „Sag nichts." – „Ich sage nichts." Morgen ist unser letzter Tag. Mein letzter Bruderdienst. Ich habe nichts getan.

Mittlerweile wettert es stärker. Suche Schutz unter einem Baum in einem kleinen Park. Dein versickertes Leben. Eine wunde Spur. In Vergessenheit geratene Funken. Jetzt habe ich Treibsand kultiviert.

In der warmen Stube dampft mein kalter Kopf. Das traurige Selbstbild schält sich ab. Eine Notwendigkeit, um an die Innenansicht zu gelangen. Mein Schreiben gehört mir nicht. Zum ersten Mal beginne ich, durchnässt und ohne Rücksicht auf den Magen, den Ursprung des Schmerzes zu beschreiben. Trösten, was gibt es zu trösten? Rilke schreibt: „Was wäre mir am Ende unbrauchbarer als ein getröstetes Leben."

Heimkehr. Ich lerne den Verlust anzuerkennen und hole ihn nach Hause auf mein Feld. Sein Name ist Michael.

Von der Überheblichkeit der Sonne

Sofort fällt mir die Sonne ein. Kraftvoll strahlend, genau an diesem Tag. Manchmal ist sie echt überheblich. Manchmal traut sich die Sonne was. Und als Nächstes? Als Nächstes fällt mir der Kummerkäfig ein. Wie wir zu viert im Auto saßen. Auf schnellstem Weg ins Krankenhaus. Meine Eltern hatten sich frisch getrennt, würdigten sich keines Blicks. Auf der Rückbank saß ich mit meiner Schwester. Ich links. Sie rechts. Keine Berührungen. Und die Sonne, sie schien das Miststück. Umrahmt von einem wolkenlosen Himmel strahlte sie, als wäre ein Feiertag. Die Natur macht bei Mutterschmerz keinen Unterschied. Markdurchfahrend ihr Gebrüll, als sie den Anruf bekam. Von da an nichts als Schockstarre. Ich verweigerte mich der Botschaft. Michael tot? Nein, unmöglich! Ich hantelte mich von einer Realitätsverweigerung in die nächste. Michael hängt bestimmt an Schläuchen oder irgendwelchen Infusionen. Maximal im Koma. Was die Medizin heutzutage nicht alles schafft. Da hat meine Mutter nicht richtig zugehört. Macht ein

Drama daraus. Im Auto herrschte eisige Stille von der undurchdringbaren Sorte. Jeder in seiner eigenen Hölle. Plötzlich traf mich wuchtig ein feuchter Miniamboss im Gesicht. Durch die Fensterschlitze drang eine Träne meines Vaters. Egal, wie sehr ich mich bemühte und Prügel abbekam, kein Schlag kam an diesen ran, niemals. Da musste ich mir zum ersten Mal eingestehen, vielleicht ist es ernster, als ich dachte.

Wo bleibt da der Platz meiner Schwester? Ich der Zwilling. Die schreiende Mutter. Der weinende Vater. Was warst du, außer einsam? Was war dein Platz, außer der am Fenster?

Ein Arzt drückte unsere Hände, senkte sein Haupt, sprach viermal: „Mein Beileid."

Da war es vorbei. Etwas anderes fing an. Während meine Eltern mehr oder weniger zum Leichnam meines Bruders geschoben wurden, so habe ich es in Erinnerung, standen wir Geschwister verlassen und gelähmt vor dieser elendigen Tür. Durch den Schlitz erblickte ich kurz seinen aschfarbenen Körper. Und seine gekreuzten Hände über der Decke, die ihn kleidet. Kälteumweht, falle ich nach vorn, gegen die Wand. Donnere mit dem Kopf dagegen. Niemand war da.

Kein Abschied für uns. Wir blieben vor der Tür. Keine Hilfe von außerhalb. Diese dezimierte Familie fand sich lange nicht mehr zurecht in dieser Welt. Jeder fand einen anderen Weg, nicht damit umgehen zu können.

Mit ziemlicher Sicherheit ging meine Mutter zuerst in den Raum zu meinem Bruder. So wie sie es auch mit dem Sterben tat. Sie ging ihm als Erste nach. Derweil an der Wand, mein zerrissenes Herz, eine Ruptur in mir. In einem Akt der allerhöchsten Geschwisterliebe berührte mich meine Schwester, legte ihre Hand auf meinen Rücken. Mehr weiß ich nicht mehr. Das werde ich ihr nie vergessen.

Lange Zeit gab mir keiner mehr das Gefühl, dass mein Verlust ein besonders schwerer war. In mir verhärtete sich ein Gedanke. „Niemand versteht mich." Mein Umweg durch die Trauer begann. Und die Sonne strahlte an diesem Tag unerhört weiter.

Komm, wir machen uns unsichtbar

Willst du immer noch zurück? Wie wir es gesagt haben? Wir überlisten die Zeit und machen uns unsichtbar. Gleiten wie ein Stein übers flache Wasser und gehen dort unter, wo uns die Kraft verlässt. Merkst du nicht, wie das Leben an mir reißt? Liege den ganzen Tag wie ein Bettlägeriger. Morgen fällt mir ein besserer Versuch ein, dich zu halten. Versprochen.

Möglicherweise ist mein Verhalten ein zwanghaftes Bremsen. Umso weiter wir gehen, desto mehr gilt es loszulassen. Verliebtsein und Neuanfänge sind beides eine seltsame Sache. Mein strammes Stehen war für dich, damit du dich an mir festhalten kannst. Plötzlich hatte meine Geschichte einen tieferen Sinn erlangt. Ich erkannte deine Verletzungen wie niemand sonst. Du lehntest deine, deshalb auch meine ab.

Als ich dich da sah, zum ersten Mal, wie aus meinem schönsten Märchen entsprungen. Zu dieser Zeit war ich ein schreckliches Wrack. Mehr Frosch als Prinz. Ohne Chance bei dir, wie du selber einmal sagtest. Der Abend war großartig. Wir wussten beide, es könnte der einzige bleiben, und zögerten den Abschied bis zum Zwitschern der Vögel hinaus.

Ich erzählte dir vom Universum, der Verbundenheit, die ich spüre, wenn ich in den Himmel sehe. Du hörtest zu. Wir strichen durch die Lokale, von Bar zu Bar. Einmal wollte ich dir in die Jacke helfen, du hast nur gesagt: „Übertreib nicht." Dein Lächeln sieht von jeder Seite anders aus. Du hast so viele Gesichter. Jedes einzelne ein Rettungsanker. Deine Grübchen apostrophieren die Pause zwischen den Sätzen, in denen alles aus mir schießt. Bleib sitzen auf einer Stelle, damit ich dich betrachten kann. Und ich betrachte dich, bis die Sterne untergehen. Der Versuch, deine Blicke zu verstehen, macht mich winzig.

Komm, wir machen uns unsichtbar. Dann erwischt uns die Zeit nicht. Lass uns noch einmal zum ersten Mal nebeneinander diese Straße entlanggehen. Du weißt welche ich meine. Wir gingen sie mehrmals, nur um sie zu dehnen. Seitdem gehe ich immer links von dir. Rechts fühle ich mich unwohl. Ich weiß nicht warum. Doch, ich weiß es. Wegen der Brückenwirkung.

Zurzeit nimmt die Dichte zu. Erkläre mich. Erkläre dich. Zurzeit übernehme ich Verantwortung für mein volles Herz. Merkst du, wie meine Hirnschwellung mich beinahe in die Knie zwingt? Deshalb liege ich, damit ich nicht fallen kann. Der Raum zwischen damals und jetzt ist ein fragiles Netz aus Glas. Es gibt keine Dosis. Es gibt nur alles. Ich muss das neutralste Wesen meiner Erinnerung werden. Der heutige Tag entstieg der gestrigen Nacht. Welch ein Skandal, ihn mit Schlaf zu vergeuden. Es ist in Ordnung, dass wir uns nur in meinem Kopf bewegen. Unser Gespräch von damals, wie ein Walzer über „Wie-wir-leben-wollen". Mit dir habe ich völlig vergessen, wie es ist, keinen Mut zu besitzen. Deine Andersart ist der Shunt der mich zum Weitermachen bringt. Der Mond hat sich verrechnet und verschwindet ganz ohne uns. Wir machen durch. Bauen Räder unter die Nacht. Verschwinden in die Nacht, in der wir uns trafen.

Nur ein Hauch

Ich bin der Schatten der Dämonen. Ich bin der tote Bruder. Wie war mein Name? Die Namen haben sich versteckt. Ich vergesse immer öfter, wer die Menschen sind. Irgendwo tropft Wasser. Der Himmel weiß, ich bin nicht gut genug für ihn. Habe ich mich umgebracht? Mein Leben ist dort drüben, wo mich keiner mehr kennt. Ich bin ein Zwilling, ganz bestimmt, das fühle ich. So ein Band kann niemand trennen. Habe ich recht? Kommt, sagtes mir! Mir fehlt Körperwärme. Meine Grenzen, als wären sie verschwunden. Was hält mich zusammen? Was ist Liebe? Habe ich etwas davon erfahren? Ich glaube nicht. Denn ich liebe mich nicht. Was ist Liebe? Dieser Raum … er ist so eigenartig. Wo bin ich? Mir ist, als würde ich hier schon ewig sitzen. Geister sitzen nicht! Da ist eine Tür, da will ich hindurch. Aber sie wollen mich nicht mehr bei sich haben. Tun, als ob sie mich nicht sehen könnten. Und sie weinen so viel. Ach, ist das Mario? Doch, doch, das ist er. Mein Zwilling. Er ist traurig. Verloren, aber heller als das, was um mich ist. Wieso ignoriert er mich? Er denkt nur an sich selbst. Diese Tür ist komisch. So eine Art

Tür habe ich überhaupt noch nie gesehen. Es zieht. Mir ist so kalt. Alle Lügen. Hier ist keiner. Alles lügt. Lügen in meinem Kopf. Denke ich? Ich könnte schwören, die Wände atmen. Wieso hast du das gemacht, hat der Arzt im Krankenwagen gefragt. Ich weiß es nicht. Da war der Schmerz schon kleiner. Da sollte was weg. Was war es? Sind die Wände hier feucht? Ich hasse es hier, verdammte Scheiße!

Du bist tot, Michael, flüstert ein Windchen.

Was? Nein. Du bist tot! / Ja. Genauso, wie du es auch bist.

Wer bist du? / Du kennst mich.

Lass mich in Ruhe! Niemand kennt mich. Niemand will mich. Ich will mich nicht mal selber. Ich bin ein Dämon und bringe Trauer! Michael der Trauerdämon. Ein Geist, den keiner will!

Der Hall, dumpf wie tausend wütende Elefanten, die auf den Boden stampfen. Habe ich schon erwähnt, dass mir die Wände suspekt vorkommen? Da passt was nicht. In den Ecken, von oben herab, bildet sich der Schimmel. Wie lange bin ich schon hier? Ich bin 15 Jahre alt und heiße Michael!

Du bist tot, Michael. / Hör auf, das zu sagen. Du lügst. Bald habe ich den Mopedschein und fahre dir davon! Nur der Schimmel ist ehrlich!

Du hast keinen Körper mehr. Du bist gestorben. / Wieso? / Das ist jetzt egal. Ich bin es auch. Kürzer als du.

Aber Mario, er ist mein Zwilling, er braucht mich doch, und ich brauche ihn! / Bald seid ihr weniger getrennt. Du bist tot, Michael. Deinen Namen lässt du hier.

Wer bist du? / Deine Mama. Ich bin gestorben. Wie du. Es ist wunderschön. Der Schimmel ist nur die Zeit, die du gebraucht hast.

Wo bist du? / Folge mir.

Ein Hauch …

Ebenen und ihre Seitengassen in die Zeit

Er wurde einer dieser Menschen, die es nicht geben sollte. Ein Vater, der sein Kind begrub. Als kleiner Junge schon, ganz allein mit sich, wuchs er zu einem wilden Suchenden. Einer, der sich Lebendigkeit und Verschwendung hingab. Raste ohne Helm mit dem Moped beinahe in den Tod. Überschlug sich ins Koma. Er weiß noch, wie es war, in der kleinen Wohnung mit den Eltern und den sieben Geschwistern in einem Zimmer. Bein auf Kopf mit einem Bruder schlafend. War es nur ein böser Traum oder krabbelte sein Vater in das Bettchen eines der Mädchen? Der Zigarettenrauch war allgegenwärtig. Bald wurde die Schar aufgeteilt. Auf einen Alkoholiker und einen geschlossenen Geist.

Nachdem sein Kind begraben wurde, trieben meinen Vater die Albträume durch Tag und Nacht. Schuldgefühle verwüsteten sein Herz. Wer war für ihn da? Die Trennung von seiner Frau, der einstigen Retterin, war noch frisch und hart. Er urteilte streng über sie und sich.

„Gib mir die Krankheit, die der Junge hatte. Gib mir seinen Tod." Übereinandergelegte Schatten bedeuten Dunkelheit.

Der verbrecherischste aller Verwandten, der mit den vielen Berufen, die er alle im Häfen erlernte, war der treueste an seiner Seite. Sie waren keine Brüder. Sie waren Blutsbrüder. Möge er seinen Frieden gemacht haben. Mein Vater bekam im Gegensatz zu ihm, wie ich es einmal leise vor mich hersagte, die Strafe eines langen Lebens. Das Begräbnis meiner Mutter ließ er aus. Er konnte nicht. Was bedeutet es, das nicht zu können? Es war wie oft in seinem Leben. Er wusste nicht, was er tat, aber das mit Leidenschaft. Wir begegneten uns auf der Schneide der Zeit. Wir verletzten uns. Dann erwuchs eine Warnung aus meinem Erwachen.

„Willst du deinen Vater verlieren?" Nein, genug Verlust.

Dem Weiterleben ausgesetzt, entfachte sich durch den Familienstolz in seiner Brust eine alte Kraft. Helle Strahlen oder unsichtbare Schienen führen ihn aus seiner Sackgasse. Welch Aufgabe für einen Erwachsenen, die über einen hereingebrochenen Schicksale der Jugend aus der Sicht der Eltern zu betrachten. Ein Lob ans Vatersein ist die Selbstverständlichkeit seiner stillen Obacht. Der Mann an meiner Seitenlinie.

Man setzt einen Fuß vor den anderen, um schließlich in denselben Wind zu geraten wie seine Ahnen. Einsames Kind. Wilder Junge. Gerettet von diesem Mädchen mit den Aschenbecherbrillen. Sie ist fort, etwas stiller als bei mir. Der Kindesverlust. Die Todessehnsucht.

Lichtreflexe durch die Seitengassen. Du hast heute gelacht wie ein glückliches Kind. Und das auf deine alten Tage. Erkennst die Zukunft an, die dich braucht. Bist ein Opa, wie du Vater warst, ein Glücksschmied. Ich hatte eine schöne Kindheit, davon zehrt man ein Leben lang. Davon stamme ich ab. Schichten von Ereignissen, die sich manchmal berühren. Davon stamme ich ab. Die, die wir noch hier sind, sprechen nicht von heilenden Wunden.

Heute hast du gelacht wie ein glückliches Kind. Und wir haben mit dir gelacht. Der Tod trägt das Leben in sich.

Eine Scherbe Glück

Es ist schwer zu erklären, aber wir gingen durch unsere Herzen. Später werde ich mich fragen, was von alldem geblieben ist. Falls sich deine Schmerzen noch nicht aufgelöst hätten, läge kein Sinn darin. Wahr ist, dass sich alles ändert. Der Wandel ist ewig. Manchmal scheint der Kreisel stehen geblieben. So wie bei uns, als wir nebeneinander auf der Couch versanken. Ach Mutter, damals war unsere Sprache rar. Von dort aus landeten wir im Übermorgen. Ein paar gute letzte Worte. Sie gehören zusammen. Das Schweigen und das Aussprechen.

Nach meinen anstrengenden Diensten auf der Baustelle kam ich mit meinem verdreckten Gewand meist zu dir. Du hattest immer was zu essen für mich. Deinen Muttergenen entsprechend fandest du trotz der fordernden Arbeit im Kindergarten immer Zeit für den hungrigen Löwen. Ich verhielt mich undankbar. Nahm dich als selbstverständlich. Es fühlte sich aber auch so an, als gehörten wir einem streng geheimen Bund mit zwei Mitgliedern an. Fanden wir zusammen, kamen die alten Geschichten wie von selbst. Keine davon fand den Weg über unsere Lippen. Stummheit zeichnete uns aus. Erschöpft von unserem Verlust fielen uns die Augen zu. Die Ruhe reißt sich aus dem Schlaf. Ein Hammer auf dem Kopf, ein sanftes Werkzeug. Totale Müdigkeit. Die Couch ist ein Schwermut resorbierendes Entspannungstier. Der elende Stress fällt ab. Wir wussten nicht mehr, wie man Liebe zeigt, und taten es dennoch. Aber ich denke, dir war klar, was du tatest. Mir hingegen nicht. Mutter und Sohn ließen die Verstörung kurz bleiben.

„Wie schwer ist es für dich?"

Ungesagtes hallt lange nach. Du ertrugst meine Wut, meine Ungeduld. Wir übergingen die Zwischenzeilen, blätterten stets zu den ersten Sätzen zurück. Irgendwann der Krebs. Die Krankheit. Die Bindung. Wir hätten ihn alle gerne für dich gehabt. Aber weißt du, das konnte ich dir nicht sagen.

Die Scherbe Glück auf der Couch. Ein Erinnerungssplitter, den ich gerne in mir trage. Gönnten uns gemeinsam eine Pause von diesem grotesken Leben als Trauermenschen. Alltag ist ein Unglücksorchester. Wir halten uns die Ohren zu und doch dröhnt es in uns. Die Erwartungen drehen ihre Runden und bringen nichts ein. Dann kam ich wieder mal nicht klar mit mir. Lud es auf dich ab. Du, Mutter, mein Lieblingsziel. Um meine Mundwinkel müssen noch die Schmauchspuren auszumachen sein. Zu deinem Ende hin warst du gezwungen, dich selbst zu halten. Eine Versöhnung? Eine Metastase fraß die rechte Schulter auf. Trugst deinen Arm vor dir her, als ob du etwas zu schützen hättest. Magertest ab, wo du zuvor noch von den Therapien aufgequollen warst.

Der Energieschlaf neben dir, diese Scherbe Glück, war der Frieden, den wir zusammenbrachten. Wir vermissten unsere seligen Tage. Fühlten uns schuldig. Fehlen ist ein starker Zusatz. Mich beschleicht das Gefühl, dass der Krebs nur eine Antwort auf den Zustand deiner Seele war. Jetzt sind wir versöhnt. Du, unsere tapfere Mutter.

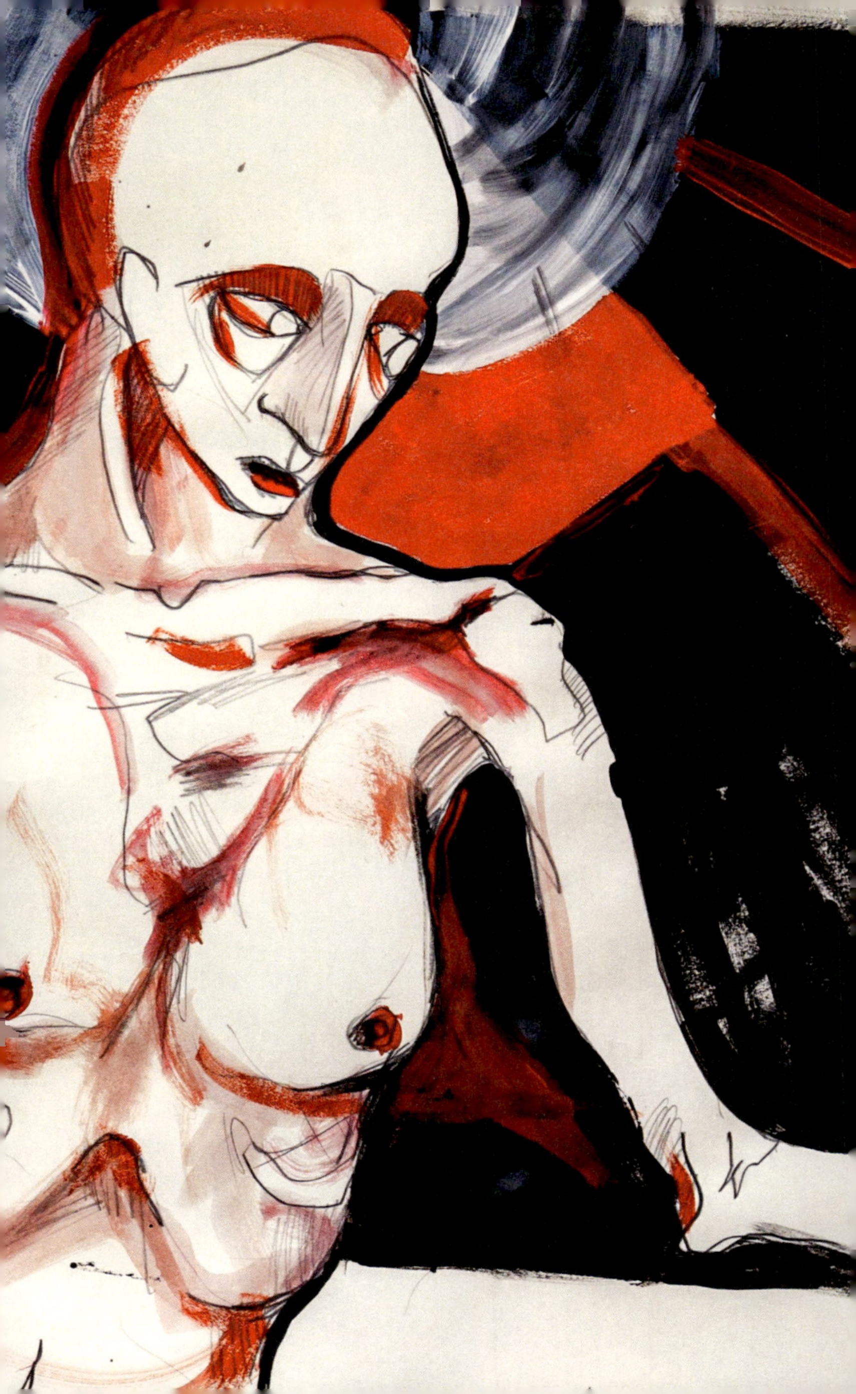

Bilder im Bild

Und da, ein Erdbeben. Ich spüre, wie der Boden aufreißt. Starre mit verliebten Augen in die weite Dunkelheit. Vielleicht wache ich eines Tages bei dir auf? Aber du schläfst nicht. Dort gibt es Ähnlichkeiten. Schlafwandle ich jetzt und komme erst später zu mir? Wie in Trance fingere ich nach Halt. Manchmal fühle ich mich derart fremd, ich kann hier nicht zu Hause sein. Irgendwann sehen wir alle durch dieselben Augen. Was meinst du? Worum geht es? Ums Anfassen. Dein Leichnam, diese Dekoration eines Endes. Ich habe nur einen Satz im Hals. „Was für eine Scheiße." Hebt sich noch die Brust? Nein. Beinahe erdachte ich ein Atemzelt. Falte die Hände, spreche ein Gebet von Sterblichkeit. Lege meine Hand auf deinen Kopf. Das Kämmerchen wird zum Nabel der Welt.

Stop. Ein Umschwung. Ein neues Tempo. Bewegung im Gemälde. Du musst die Pupillen hin und her bewegen. Da sind Bilder im Bild.

Eine Krankenschwester prasselt mit einem Stück Wahrheit in den Raum, legt dir den Ehering in die Hand. Mein Stiefvater kommt noch, er weiß noch nichts. Er sitzt im Auto, ruft mich an. Was ist passiert? Komm einfach her. Er wird sagen, wie soll ich weiterleben ohne sie. Nichts kann mehr weh tun. Zwischen geöffneten und geschlossenen Türen herrschen Lichtjahre an Entfernung. Der Onkel, ihr Bruder, der mehrmals die Woche viele Stunden Fahrt auf sich nahm, ist nun zu weit weg. Dafür kann er nichts. Die Tante, ihre Schwester, war gerüstet für einen Besuch. Es bleibt bei einem Besuch, dem letzten. Am Telefon eine weitere Schwester, ich gebe ihr Bescheid: „Es ist vorbei. Pack die Oma ein, ihr Kind ist gestorben."

Mutters Körper hat Gewicht abgenommen. Ein paar Gramm Seele sind schon fort. Ein toter Elternteil ist eine ganz andere Nummer des Erwachsenwerdens. Gerade bin ich Pflegeschüler auf der Onkologie. Meine Mutter ist/war Patientin. Für heute war es nicht absehbar. Die Ärztin und der Schülerbetreuer hatten für heute nicht mit einem zu tröstenden Sohn gerechnet. Sie taten es gut. Sie weinte, er schwieg. Die Nähe des Todes gibt dem Leben den nötigen Ernst. Und dabei geht es ums Berühren. Berührung, diese Moderne und Antike. Alles nur Teile eines Systems, das uns Gleiten in den Übergang lehrt.

Dank meines Schülerdaseins darf ich weiß gekleidet an sie herantreten.

Stop. Wir sind noch hier.

Zusammen um die Tote sitzen ist stärker als jede bewusstseinserweiternde Orgie. Druckwellen vom Finger bis in die Ansätze der Haare. Ich bin ein Streifen des Meeres. Jeder kennt die Regeln hier auf Erden. Doch ist der Konflikt zwischen Vorahnung und dem, was wir hinausschieben, ein himmelschreiender.

Viele sagen, Leichen sehen wie Schlafende aus. Nicht meine Wortwahl. Trau dich drüber und fass an. Berührung ist wesentlich. Davor und danach. Eine Befreiungsmaßnahme. Denn niemand wacht hier auf. Das ist okay.

Wohin führt die Reise? Von einem Bild ins nächste? Du wechselst über die Rahmen und bleibst zum Teil bei uns. Der Abschied hat viele Gesichter. Ein Mosaik an Trauer. So viel Leben.

Hart auf hart

Der Gesellschaft bin ich doch egal. Mit sechzehn fahre ich mit Menschen, die ich kaum kenne, nach Belgrad und habe eine gute Zeit mit ihnen. Meist schweige ich. Mein Englisch ist grausam. Serbisch beherrsche ich nicht. Meist beobachte ich. Meist bin ich in mir drin. Das Slawische war die nötige Sprachmelodie, die ich für meine Höhlenerbauung brauchte. Einige von den Jungs gehören einer Gruppierung an, die sich auf Deutsch „Totengräber" nennt. Passend. Mein Bruder fieberte dem Mopedführerschein entgegen. Er würde jetzt Mädels aufgabeln. In die Disko gehen. Das geht nicht mehr, er liegt unter der Erde. Wir haben ihm seine Tormannhandschuhe mit reingelegt. Was sollten wir sonst machen?

Ich bin mit einer Nadel erwachsen geworden. Die Jugend ist zerplatzt. Mir ist egal, wie die Leute aussehen. Ihr Verhalten ist entscheidend. Eigentlich nicht mal das.

Prägende Tage, in denen wir weiterlebten. Mein Klub der Ausgestoßenen. Der Trauernden. Der Verlierer. Elend liebt Gesellschaft. Wir lassen uns nicht allein. Vermutlich bin ich der Einzige, der es so wahrgenommen hat. Nun überrasche ich alle, weil ich so offen bin. Meine Welt in ihrer Welt. So viel Brudererersatz zum Schwindligwerden. Schmerzhafte Lektionen, von denen ich mehr und mehr wollte. Sie wollen mich wegsperren? Da muss ich lachen. Ich glaube, da benötigt es mehr, als so ein kleiner Hooligan zu sein wie ich. Das Gesetz greift mich nur da an, wo es mir nicht weh tut, nimmt mir Geld, das mir egal ist. Ich würde es auch ohne sie verbrennen. Koks ist teuer. Speed billiger. Der Rest ist Ego. Der Rest kommt gut. Eines habe ich gelernt: Es ist leichter, einer Gruppe feindlicher Hooligans gegenüberzustehen, als seinen Schatten zu betrachten.

Dann die Stunden, in denen ich etwas verstört war. Und ich dachte, dass es mein letzter Tag ist, den ich dann auch so verbrachte. Schoss mich weg, jagte einen One-Night-Stand, fand keine, zog zu den Mädchen, die nicht Nein sagen, weiter. Am nächsten Morgen bin ich ein ausgelutschtes Wrack. Gemessen an den Jahren davor habe ich nicht viel verloren. Meine Unschuld habe ich verbrannt. Ich weiß eigentlich, wozu ich das tat. Ich hatte nur das Bedürfnis zu kämpfen. Hart auf hart. Meine Gefühle waren ein Arrangement, das hin und wieder in Tobsucht enden musste. Heute denke ich, dass es mich zu einem starken Liebenden macht. So hoffe ich, man müsste diejenigen fragen, die ich liebe. Es waren ein paar dumme Fehler und böse Schritte dabei. Verdammt, das ärgert mich heute noch. Diese Dummheit. Was sollte ich machen, ich war traurig.

Einsamkeit ist Teil des Spiels. Nachts kam ich spät nach Hause und suchte nach dir, weil ich wusste, dass es dich einmal geben wird. Als Junge kämmte ich mir zu besonderen Anlässen die Haare zur Seite und nannte es Prinzenfrisur. Ich weiß heute noch, wie sich der Kamm anfühlte, wie es klang, als Mutter mich einen Prinzen nannte. Irgendwann danach legte ich die Ketten ab und trat die Wut weg. Na ja, was soll's. Das ist ein Teil meiner Geschichte.

Am Mündungsdelta meiner Persönlichkeiten

Um nicht auseinanderzubrechen, muss ich mich von den Menschen, die mich kennen, entfernen. Ich flüchte vor der Verantwortung nach dem geschafften Diplom. Wende mich von den Schicksalsschlägen ab. Trete freudig eine Neuerschaffungsreise an. Flüsse, die mich ans Mündungsdelta Lissabon führten.

Ich leide, weil ich nicht genug ertragen kann.

Die Parole der Reise lautet: Tu was, um dich selbst zu befreien. Dem Leben den Rücken zuwendend entschwand ich für ein paar Tage und vergaß beinah die Traurigkeit. War zu gleichen Teilen Wärter und Häftling meiner Konventionen. Ich folgte einem Plan und alles ging qualvoll schief. Dann war ich planlos und musste ausgeliefert zusehen, wie noch mehr zerstört wurde.

Zusammenkunft der vielen in mir, vor der Allgegenwärtigkeit des Dichters Fernando Pessoa. Mehr und mehr bekomme ich den Eindruck, dass ich eine Gefahr für die werde, die ich liebe.

Alles, was ich liebe, stirbt wie eine Welle über meinen Füßen. Neugeburtswetter. Der Dichter in mir will aus seinem Elfenbeinturm eine Ode an den warmen Tag verfassen. Der missverstandene Einzelkämpfer wendet sich ab, denn egal was er dazu zu sagen hätte, niemand könnte ihm folgen. Der Kämpfer bietet sich dem Erschießen an, denn er kann sein Glücksgefühl gerade nicht unterdrücken. Ich höre zu und muss die vorbeigehenden Beine ansehen. Jeder macht seinen Weg. Die letzten Monate haben mir zugesetzt, jetzt ist es Zeit, mich hinzusetzen. Musik um die Ohren. Ein freier Stein. Platz genug, für alle meine Teile. Eine Tragödie. Ich habe Angst vor dem Ungewissen und sehe so gern aufs Wasser. Ein Gedicht meldet sich an und stirbt in mir. Ein Kiesel mehr in meinem Kopfsteinstrand. Der Tejo. Wie war es, Fernando? Zusehen und genießen?

Touristen schenken dem Jungen mit der Kühlbox keine Achtung. Komm zu mir, wir heißen dich willkommen. Und siehe da, er trägt eine Truhe kühles Bier. Ich forme mit den Fingern ein Victoryzeichen. Bekomme zwei. Ein Geschäft witternd, hält er eine kleinere Plastikbox mit schneeballartigen Süßigkeiten in meine Richtung. Ich nehme eine davon. Er zieht gut bezahlt ab. Meine Geister ziehen sich vor Glück zusammen. Beinahe vergaß ich, wie traurig ich bin. Fast löst sich der Tod meiner Mutter auf. Trinke eine Dose Bier. Lausche der Musik. Sehe Touristen beim Touristischsein zu. Beinah wieder was vergessen. Erneut einer dieser freundlichen Drogendealer. Weed? Speed? Kokain? Frag nicht nochmal. Zeit zu gehen. Vorher noch den Musiker honorieren. Fahre mit der Hand ins Wasser. Lecke einen Finger ab. Jetzt bleibt der Moment bei mir. Die Schönheit dieses Horizonts kann ich kaum ertragen.

Beliebig zog ich Versionen meiner selbst wie aus einem Kartenspiel aus mir. Selbst Leidenschaften verkamen nur zu Kleidungsstücken des Charakters. Heute bin ich Delta. Heute bin ich Lissabon und lege die Masken ab. Alles ist eins in mir. Bittere Welt, was dich auch zusammenhält … An manch schweren Tagen kaltes Bier und süße Köstlichkeiten.

Menschen auf dem Planeten Erde

Heute bist du in einem Zusammenbruch aufgewacht. Entschuldige dich nicht, nicht dafür. Du hast schon viel geschafft. Aus den toten Winkeln kommen neue Prüfungen. Sie gehen niemals aus. Zumindest hier nicht. Ich kenne keine Antwort, die sich hält. Nur zwei Dinge sind sicher. Du bist ein Mensch. Du lebst auf dem Planeten Erde. Da ist etwas an dir, baut Wege in dein Herz. Lass uns ein paar Schritte machen. Mir gehen die Sprüche aus. Entlang der Mauern, die sich um dich aufgebaut haben. Wir finden einen Ort, an dem wir uns verstehen. Abwechselnd legen wir Gewicht ab. Zuerst du, damit es losgehen kann, dann ich, damit wir weiterkommen, dann wieder du, dann wieder ich. Irgendwann schaffen wir es zur selben Zeit. Der Moment wird kommen, da stehen wir vor einem Tor. Wir werden es mit unserem Abzeichen verzieren. Wir können es durchschreiten, wann immer wir wollen. Es wird einfach sein.

Wo laufen wir hin? Ich verstehe die Frage

nicht. Ich stelle sie mir nicht mehr. Ich laufe bloß. Die Gefahr, rückfällig zu werden, besteht immer und überall. Genauso wie hinter jeder Ecke Schönes lauert. Ich habe mich im Blick. Veränderung ist ein dynamischer Prozess. Heute bist du mal dran. Es fühlt sich an, als ob jemand Teer über dich gegossen hätte. Tröste dich, auch Federn ruhen sich auf dem Boden aus. Teerüberzogene Momente sind selten. Die meisten sehen wir nicht wieder. Untröstlich sein, ein schönes Gefühl, im Nachhinein.

Mein jahrelanges selbstauferlegtes Eremitendasein hat viel Schlechtes mit mir gemacht. Der Halunke im Spiegel war auf das ganze Menschengeschlecht beleidigt. Nahm alles persönlich. Das waren Schmiedejahre. Lange hatte ich Angst davor, jemanden zu vermissen. Deshalb manipulierte ich die Gefühle in mir. Versteckte mich an einem Ort, zu dem keiner Zutritt hat. Lächeln schützt einen. Sonnenbrillen auch. Zeige deine Augen nicht. Mit dir ging diese Fassung verloren. Ich möchte dir helfen. Platz und Zeitpunkt sind ganz passabel. Wie spät ist es? Kurz nach Weltuntergang. Komisch, du hörst dieselbe Musik wie ich damals. Na ja, die Interpreten sind andere, die Lieder haben einen anderen Namen, die Wirkung ist identisch. Eine Stimme singt: „Don't cry" … Da war es schon vorbei.

Denke, oh das kommt mir bekannt vor, das wird schon wieder. Sage, ich bin da. Früher suchte ich das schwächste Argument, das gegen eine positive Erbauung sprach, und ging drauf los wie ein Wilder. Auf Erleichterung folgt Ernüchterung, kurzer Selbsttrost. Aber du, du bist wunderschön, selbst wenn du dir die Haare unter Tränen föhnst. Deine Sorgen in der Luftschneise befördern die Unruhe ans Tageslicht. Bald kommen wir an den Punkt, an dem die Umarmung einem Fächer frischer Luft gleichkommt. Distanziert von dem, der ich war, frage ich dich: „Brauchst du eine Decke?" Ich decke dich mit mir zu. Unternehme eine Kreuzfahrt über deine Haut. Du benötigst noch immer eine? Ich gehe und hole sie dir.

Ich bin ein Mensch. Ich lebe auf dem Planeten Erde.

Vom Loslassen am Grünen See

Verlustschmerz benötigt einen Platz, an dem er sich seiner Vollkommenheit widmen darf. Der Trauermensch kann dort seinen schlimmsten Geistern gegenübertreten. Sie gehören alle ihm und lösen sich nicht in Luft auf. Die Todestage meines Bruders habe ich meist weggekippt. Jährliche Wiederholungen. Ablehnungen. Dann doch wieder Schmerztage, die betäubt werden wollten. Der herannahende Tod meiner Mutter wurde mächtig in mir. Es war nicht weiter zu ignorieren. Ich begriff, dass der Moment des Loslassens gekommen war. Die Vorankündigung brachte mich dazu, Schritte zu setzen, mit denen ich nicht rechnete.

Die Welt um mich? Ein sich verziehender Nebel, und ein Mond, der all dem innewohnt. Der blaue Abgrund da oben ist nicht zu reparieren. Was kann ich tun, außer zu platzieren? Einen Ort schaffen im geschaffenen Ort. Durch mein Zutun ein Stockwerk hineinschieben. Kreieren, ein neues Fundament erschaffen.

Meinem schweren Herzen vertrauen? Ein Gewöhnungsbruch. Ich hasse Abschiede. Vernarrendes Morgenlicht, du konntest mir nichts mehr vormachen. Der neue Tag erschien nicht umsonst. Blätter, Wald, Feld, Himmel. Mein kalter Schweiß. Da standen die Nackenhaare schon wie offene Wimpern. Ich entfaltete mich als Ganzes und nahm die Rufe an. Mein Ort lag an einem grün schimmernden See. Mein Symbol war der halbvergilbte Partezettel. Darauf Michaels ewig junges Gesicht. Ich trennte mich schwer davon. Das machte es zu einem geeigneten Ritusopfer. An jenem Novembermorgen war ich ganz allein hier. Konnte den Partezettel unbehelligt an einem Baumstumpf ablegen. Ein schöner Platz mit guter Sicht. Ein Stück entfernt, setzte ich mich auf eine Bank. Erforsche den Raum, die über das Felsgestein hinaufführende Weite.

Ein Schnippen. Das liegt in der Vergangenheit. Beizeiten spüre die einst lähmenden Druckstellen der alten Fesseln. Fast möchte ich sie mir wieder umlegen. Unter großen Mühen verweigere ich mich den alten Mustern. Sie zersetzen sich wie spröde Knochen. Hin und wieder kam ich hierher zurück. Sofern unser Platz frei war, schlürfte ich von derselben Position aus ein paar Löffel der höheren Umgebung. Jahre schießen wie Schnellzüge durchs Land. Es ist Winter. Michaels Baumstumpf ist schneebedeckt. Ich fasse mit einer Hand in das kalte Weiß. Bitte meine Verstorbenen, der Mutter meiner Freundin zu helfen. Sie liegt im Koma. Die Ärzte beschworen ein nötiges Wunder. An diesem Tag, nach meinem Ritual am Stumpf, schlug sie zum ersten Mal ihre Augen auf. Später wird sie von einem hell lächelnden Gesicht sprechen, von Wärme und einem Licht. Immer wieder wird sie von einer Erscheinung erzählen, die von einer Felswand strahlte. Und fast wie ich aussah.

Meine Lebensgeschichte trinkt einstweilen ein Glas Wasser und lächelt. Tiefe Furchen des Himmels. Ein mineralisches Etwas vorm Auge. Loslassen ist ein Elementarereignis. Eine Öffnung. Hinten der Weg. Vorne das Land. Dazwischen (T)Räume. Weiter geht‘s.

Der Mistkäfer ruht sich aus

Das Geschwirr und Gewimmel lässt die Grünfläche wie ein sich rekelndes Wesen wirken. Eines, in das ich mich legen möchte. Dem Mückenhaften verweigere ich mich aber. Später möchte ich mich nicht schämen. Meine Füße werden schmutzig werden, denn ich gehe barfuß durch den Dreck. Mein Körper wird mit Anteilen der Wildnis gewordenen Schwerelosigkeit übersät.

Heute ist mir so viel dazwischengekommen. Schwebe noch immer in den Wolken. Bewege mich mit dem Seelenkörper um sie herum und streife durch die blauen Wege. Zwischen dem Beobachten und der Entscheidung, mich hinzulegen, gibt es keine Zeit. Bevor ich diesen Rasen zum ersten Mal mähe, lege ich mich flach hin, lasse mich überwuchern. Ich bin so klein und gebettet wie ein Kind. Heute glüht die Sonne. Eine Ameise erkundet den Daliegenden. In Kindheitstagen erlag ich dem göttlichen Schimmer und zerdrückte möglicherweise ihre Ahnen mit den Daumen. Fast tut sie mir leid. Nachwirkend kann ich nichts mehr für sie tun, außer diese eine Ameise zu lassen.

Telefonierende Nachbarn dringen zu mir durch. Sie stören mich mehr als die Motorengeräusche, die durch jede Ecke schwirren. Zum Glück habe ich immer ein Buch bei mir und übertöne damit die mechanischen Brummer. Halte es in die Höhe, sodass die Sätze durch den Filter der warmen Strahlen laufen. Ganz verdichtet kommt die Sprache bei mir an. Ein paar Rasenmäher aus der näheren Umgebung fauchen nun doch etwas in die veränderliche Ruhe. Die Zwischensätze nisten sich wie eine summende Biene in mein Ohr. Gefährlich, empfindsam, so friedlich, wenn man sie lässt. Es geht um mehr. Es geht um nichts. Alles in Ordnung, ich bin doch hier. Der Stachel ist schlimmsten Falls ein weiteres Ausrufezeichen.

Lange jagte ich der Ruhe nach. Ein Vorwand. Denn wer sucht, der findet nicht sich selbst. Dabei übersah ich mein selbstentwickeltes Vexierspiel. Da habe ich mir aber einen ganz schönen Misthaufen zurechtgelegt. Ich bin zwar kein Käferkundler, aber ich denke, das macht mich zu einer menschlichen Variante des gemeinen Mistkäfers. Überhaupt kenne ich keine Spezialisierung, außer der Innen-Überwältigung und Außen-Verdeckung. Verstopfe mit dem mit heuchlerischen Ausscheidungen getränkten Misthaufen die Durchgänge. Schiebe und Rolle durchs Gelände. Wate und stampfe stolzgetrieben durch die Hinterlassenschaften meiner Kreation. Ein stummer Lebenssinninfarkt. Ich habe diesen gefährlichen Thrombus nicht einmal bemerkt. Das Vermissen zieht von einer Schläfe in die andere und bleibt im Kopf bestehen. Alle gehen. Alle gehen. Gerade als mir die Kraft auszugehen droht und der riesige Mistball sich gänzlich gegen mich wendet, bemerkte ich, wie wenig Platz ich mir ließ. Wie verstopft mein Leben war.

Einfach weg damit? Schwäche zeigen, durchschnaufen? Einfach einen Hops zur Seite und rollen lassen?

Liege da im Grün. Des Lebens vergewissert. So warm. So zärtlich. Gar nicht mistig. Alle gehen. Alle gehen. Selbst der Misthaufen. Das ist Ruhe?

Verbundenheit

In der Luft schwirrt Julius Cäsars letzter Atemausstoß umher. Wir verlieren uns wirklich nie ganz. Mein Opa wurde an einem Junitag des Jahres 1911 geboren. 76 Jahre danach erhielt er als Geburtstagsgeschenk Zwillingsenkel. Einer der beiden Buben war ich.

Bereits im Kindesalter bekundete der Tod Interesse an meinem Opa. Eines Morgens fügte er sich beim barfüßigen Erledigen von Stallarbeiten eine schwere Verletzung zu. Gleich einem Pfahl zogen sie ihm die Mistgabel aus dem Fleische. Die Schwellung des Beins schritt beinahe im selben Tempo voran, wie seinem Umfeld die Hoffnung entglitt. Der aus ihm gedrückte Eiter spritzte förmlich bis unter die Decke. Lehm- und Essigauflagen heilten die Wunde besser als gedacht. Fester Glaube an ein anderes göttliches Vorhaben und die Macht der Gebete hielten ihn am Leben. Sie blieben sich treu. Mein Opa, die Wunde, das Gebet. Den Muttertod brachte er bereits als Sechsjähriger hinter sich. Meine Oma gebar elf Kinder. Die Übersicht über Enkel und Urenkel habe ich aus meiner Entfernung bereits verloren.

Die im zunehmenden Alter immer mehr herabhängenden Wangen schenkten seinem Gesicht noch mehr Güte, als er ohnehin ausstrahlte. Seine Geschichte wandelt mindestens ein Loch in mir zu einer empfindsamen Kerbe, die genauso geduldig und demütig sein möchte, wie er es war.

Unentwegt steige ich auf der Suche nach Antworten in morastige Gruben, die mich zu nichts führen. Dabei genügt ein Blick auf das mir mitgegebene Urpotenzial. Auch dank dieser glaubenserschütternden Erkenntnis vermag ich die Blüten des Lebens wieder anzunehmen. Egal wie alt ich bin oder wie sehr ich mich im Leben fortbewege, werde ich stets sein Enkelkind bleiben. Zwar wachse ich, doch ich entwachse nie dieser Verbindung, die gehalten wird bis zu dem Moment, in dem ich ganz in sie zurückkehren werde.

Das letzte Bild meiner Mutter ist für mich kaum anzusehen. Ihr Lächeln scheint nicht mehr an ihre Kinder adressiert. Womöglich galt es bereits der anderen Seite. Einem sich ihr bereits offenbarenden Licht?

Ich war nicht dabei, als am Todestag meiner Mutter ihre Geschwister zusammentrafen. Aus den Fenstern ihrer Leben starrend, erblickten sie mitten am Firmament eine Art Erscheinung, wenn nicht sogar eine Pforte, die sich offen zeigte. Dabei erfuhren sie eine gemeinsame Vergegenwärtigung von Verbundenheit. Aus dem klaffenden Lichtportal erreichte sie der Trost, den ihre Seelen so bitter nötig hatten. „Alles wird gut." Das ist Balsam für eure euch erdrückende Sehnsucht. Nötig wie ein Bissen Brot, auf dem Hungerpfad, den wir alle zu beschreiten haben.

Jeder trägt eine Wunde mit sich. Selbst der Himmel?

An unserem Geburtstag betrachte ich stets ein Foto. Darauf sitzen mein Bruder und ich auf dem Schoß unseres Opas. Auf zwei kleinen Torten sind vier Kerzen, auf der größeren tummeln sie sich wie die Fliegen im Stall. Wir finden uns alle wieder. Das ist keine Glaubensfrage, das ist eine Antwort, entsprungen aus dem Herzen.

Pfad der Versöhnung

Worum ging es mir, als ich am 5. März die erste Geschichte schrieb? Wollte ich mich erinnern, um dem Vergessen entgegenzutreten? Bald ist nichts mehr davon da, wenn ich es nicht bewahre. Heute ist der 16. Juni, mein Geburtstag. Heute schreibe ich den letzten Satz meines ersten Buchs. So manche Zeile ist mit dem alten Salz aus meinen Augen verfasst. Einige schrieben sich wie von selbst. Dieses Buch hat wie jedes ein Ende. Heute ist ein schöner Tag. Langsam beginne ich, die Bewegungen auf dem mich von einem Extrem ins andere schwingenden Trapez zu genießen. Lasst mich die traurigen Linsen ablegen. Ich möchte sagen: Vergesst nicht, die, die gegangen sind, waren hier. Sie sind unendlich mehr als mein Kummer.

Am 16. Juni werde ich jedes Jahr Geburtstag haben, da kann ich fluchen, wie ich möchte. Und nun ist der 16. Juni auch der Tag, an dem ich die letzten Sätze meines ersten Werks schrieb. Mut auf Neuland? Nun kommen die schönen Erinnerungen.

Den ersten Tag im Kindergarten war ich nicht allein. Den ersten Schultag war ich nicht allein. 15 Geburtstage hatte ich nicht allein. Michael war da. Wir kleinen Buben hielten unter dem Tisch unsere nervösen Händchen. Wir teilten uns Geheimnisse und ein Zimmer. Sobald irgendwo der Geruch von Apfelnockerln den Weg in meine Nase findet, denke ich an den Kochtopf bei uns in der Küche, in der Wohnung, wo wir alle fünf so viel Zeit verbrachten. Denke an meine Mutter. Denke daran, wie ich als Kind den grabesdüsteren Vorraum hinter mich brachte, nur um bei ihr schlafen zu können. Das darf ich vermissen, weil es stattfand. Genauso wie meine Nichten gerade wachsen, sprühende Lebenslust mit uns teilen. Abends darf ich neben der Frau einschlafen, in die ich mich noch vor der ersten Sekunde verliebte. Nimm mir all das weg, was wäre ich dann? Mein ältester Freund war Michaels bester. Immer wieder müssen wir uns neu zusammenraufen. Er war heute der Erste, der mir gratulierte. Ich denke, dass auch ihm jemand fehlt. Des Fußballs wegen habe ich halb Europa bereist. Eine wilde Formvariante von Loyalität kennengelernt. Schlussendlich unternahm ich eine Gratwanderung zu mir selbst. Nun weiß ich, was ich nicht mehr will. Verdammt, da sind gute Jungs dabei, und Freundschaften, die hoffentlich noch lange währen. Das waren prägende Phasen, die mir einiges austrieben und am Ende Mitgefühl eintrieben. Oh, es kann so schnell abwärts gehen.

Auf dem Pfad der Versöhnung gehe ich entlang. Habe Lust, die Show aus einer entspannten Ecke zu genießen. Esse ein Stück Torte, die meine Freundin für mich gemacht hat. Küsse diese Lippen, mit der Gewissheit, dass alles möglich ist und die Schicksalskomponente nicht berechenbar. Aber nicht alles, was möglich ist, wird auch eintreten. Die Erfahrungen meines Lebens, mögen sie auch noch so schmerzhaft und ungerecht erscheinen, sind nichts weiter als Schritte auf dem Pfad zur Versöhnung. Morgen, wenn ich aufwache, werde ich glücklich sein. Werde vermissen. Werde mich erinnern. Werde leben.

Mario Schemmerl

Der Autor ist am 16.6.1987 in Graz geboren. Er erlernte einen handwerklichen Beruf. Wechselte 2010 in die Pflege. Zurzeit ist er als Diplomierter Gesundheits- und Krankenpfleger in einem Pflegeheim in Graz-Umgebung angestellt. 2002 starb sein Zwillingsbruder Michael. 2016 seine Mutter. ‚Willkommen in der Wunde' ist seine erste Veröffentlichung. Damit nimmt er am 'Young Storyteller Award 2021' teil.

Alle Storys von Mario Schemmerl zu finden auf

www.story.one

schreib's auf
story.one

Viele Menschen haben einen großen Traum: zumindest einmal in ihrem Leben ein Buch zu veröffentlichen. Bisher konnten sich nur wenige Auserwählte diesen Traum erfüllen. Gerade einmal 1 Million publizierte Autoren gibt es derzeit auf der Welt - das sind 0,013% der Weltbevölkerung.

Wie publiziert man ein eigenes story.one Buch?

Alles, was benötigt wird, ist ein (kostenloser) Account auf story.one. Ein Buch besteht aus zumindest 15 Geschichten, die auf story.one veröffentlicht werden. Diese lassen sich anschließend mit ein paar Mausklicks zu einem Buch anordnen, das sodann bestellt werden kann. Jedes Buch erhält eine individuelle ISBN, über die es weltweit bestellbar ist.

Auch in dir steckt ein Buch.

Lass es uns gemeinsam rausholen. Jede lange Reise beginnt mit dem ersten Schritt - und jedes Buch mit der ersten Story.

#livetotell